Pebble® Plus
Bilingüe/ Bilingual

Ciencia física/Physical Science

Todo tipo de movimiento/

All Kinds of Motion

por/by Jennifer Waters

CAPSTONE PRESS
a capstone imprint

Pebble Plus is published by Capstone Press,
151 Good Counsel Drive, P.O. Box 669, Mankato, Minnesota 56002.
www.capstonepub.com

 Books published by Capstone Press are manufactured with paper
containing at least 10 percent post-consumer waste.

Library of Congress Cataloging-in-Publication Data
Waters, Jennifer.
  [All kinds of motion. Spanish & English]
  Todo tipo de movimiento / por Jennifer Waters = All kinds of motion / by Jennifer Waters.
  p. cm.—(Pebble plus bilingüe. Ciencia física = Pebble plus bilingual. Physical science)
  Summary: "Simple text and color photographs introduce kinds of motion, including motion powered by wind, water,
and electricity—in both English and Spanish"—Provided by publisher.
  Includes index.
  ISBN 978-1-4296-6905-4 (library binding)
  1. Motion—Juvenile literature. 2. Kinematics—Juvenile literature. I. Title. II. Title: All kinds of motion.
  QC133.5.W36918 2012
  531'.11—dc22   2011000644

Editorial Credits
Gillia Olson, editor; Strictly Spanish, translation services; Veronica Correia, designer; Danielle Ceminsky, bilingual book
    designer; Eric Gohl, media researcher; Laura Manthe, production specialist

Photo Credits
Capstone Studio/Karon Dubke, cover, 20–21 (all)
Shutterstock/Carsten Reisinger, 11; Chaikovskiy Igor, 5; Denis Tabler, 7; dwphotos, 19; Ramona Heim, 9; Tito Wong, 17;
    wiw, 13; Xin Qiu, 1; Yuriy Kulyk, 15

Note to Parents and Teachers

The Ciencia física/Physical Science series supports national standards related to physical
science. This book describes and illustrates motion in both English and Spanish. The images
support early readers in understanding the text. The repetition of words and phrases helps early
readers learn new words. This book also introduces early readers to subject-specific vocabulary
words, which are defined in the Glossary section. Early readers may need assistance to read
some words and to use the Table of Contents, Glossary, Internet Sites, and Index sections of
the book.

Printed in the United States of America in North Mankato, Minnesota.
032011
006110CGF11

Table of Contents

Motion All Around. 4

Wind 8

Water 14

Electricity 16

Make a Pinwheel 20

Glossary 22

Internet Sites. 22

Index 24

Tabla de contenidos

Rodeados de movimiento 4

Viento 8

Agua. 14

Electricidad 16

Haz un molinete 20

Glosario 23

Sitios de Internet 23

Índice. 24

Motion All Around

Every day you travel more than a million miles. You're on planet Earth, traveling around the sun. The Earth moves through space.

Rodeados de movimiento

Cada día tú viajas más de un millón de millas. Tú estás en el planeta Tierra, viajando alrededor del Sol. La Tierra se mueve a través del espacio.

Earth also spins once each day,

which causes day and night.

We can't feel the Earth move,

but it affects us every day.

Motion is all around us.

La Tierra también gira una vez

al día, lo que causa el día y

la noche. No podemos sentir el

movimiento de la Tierra, pero nos

afecta todos los días. Estamos

rodeados de movimiento.

Wind

Wind is moving air. Sunlight warms air unevenly. Warm air floats up. Cooler air flows in to take the warm air's place. This motion makes wind.

Viento

El viento es aire que se mueve. La luz del Sol entibia el aire en forma despareja. El aire cálido sube. El aire más frío fluye para tomar el lugar del aire cálido. Este movimiento produce viento.

Hot air balloons rise the way warm air rises to create wind. A burner powered by gas heats the air in the balloon. The hot air lifts the balloon.

Los globos aerostáticos se elevan de la misma manera que el aire cálido se eleva para crear viento. Un quemador que funciona con gas calienta el aire en el globo. El aire caliente levanta al globo.

Wind moves, but wind can also move other things. Wind makes flags flap. Wind blows sand into high dunes.

El viento se mueve, pero el viento también puede mover otras cosas. El viento hace que las banderas flameen. El viento sopla la arena y forma dunas altas.

Water

Water moves in many ways. Rain pours down from the sky. Streams rush over waterfalls. Drops can drip, drip, drip from your faucet.

Agua

El agua se mueve de muchas maneras. La lluvia cae torrencialmente del cielo. Los arroyos salen de las cataratas. Las gotas pueden gotear y gotear de tu grifo.

Electricity

Electricity gives lots of things the power to move. Escalators are moving stairs powered by an electric motor.

Electricidad

La electricidad da energía a muchas cosas para que se muevan. Las escaleras mecánicas son escaleras que se mueven energizadas por un motor eléctrico.

Bumper cars run on electricity.
They have a long metal pole
that touches the ride's roof.
Electricity travels from the roof
to the motor to power the car.

Los autos chocadores funcionan
con electricidad. Ellos tienen un
poste de metal que toca el techo
del juego. La electricidad viaja
del techo al motor para mover
el automóvil.

Make a Pinwheel/Haz un molinete

What You Need/Necesitas

- ruler/regla
- scissors/tijeras
- paper/papel
- pushpin/tachuela
- pencil with eraser at end/lápiz con goma de borrar en la punta

1

Cut a 6-inch (15-centimeter) square out of a piece of paper.

Corta un cuadrado de 6 pulgadas (15 centímetros) de un pedazo de papel.

2

Cut diagonally from each corner toward the middle of the square, about halfway to the middle.

Corta diagonalmente desde cada esquina hacia el medio del cuadrado, más o menos a la mitad de la distancia del centro.

3

Fold the left corner of each side of the square toward the middle and hold.

Dobla la esquina izquierda de cada lado del cuadrado hacia el centro y sostenla.

4

Have an adult help you pin the corners in the middle with the pushpin.

Con la ayuda de un adulto sujeta las esquinas en el centro con la tachuela.

5

Also have an adult push the pin into the pencil's eraser.

También haz que un adulto empuje la tachuela en la goma de borrar del lápiz.

6

Your pinwheel is finished! Now you can take it outside or blow on it to see wind in motion.

¡Tu molinete está listo! Ahora lo puedes llevar afuera o sóplalo para ver el viento en acción.

Glossary

burner—a device with a flame to heat the air in a hot air balloon

dune—a sand hill made by wind

electricity—a form of energy caused by the movement of very tiny particles

motor—a machine that provides the power to make something run or work

Internet Sites

FactHound offers a safe, fun way to find Internet sites related to this book. All of the sites on FactHound have been researched by our staff.

Here's all you do:

Visit *www.facthound.com*

Type in this code: 9781429669054

 Check out projects, games and lots more at
www.capstonekids.com

Glosario

la **duna**—una colina de arena hecha por el viento

la **electricidad**—una forma de energía causada por el movimiento de partículas muy pequeñas

el **motor**—una máquina que provee la energía para que algo se mueva o funcione

el **quemador**—un dispositivo con una llama para calentar el aire en un globo aerostático

Sitios de Internet

FactHound brinda una forma segura y divertida de encontrar sitios de Internet relacionados con este libro. Todos los sitios en FactHound han sido investigados por nuestro personal.

Esto es todo lo que tienes que hacer:

Visita *www.facthound.com*

Ingresa este código: 9781429669054

¡Algo súper divertido! Hay proyectos, juegos y mucho más en www.capstonekids.com

23

Index

bumper cars, 18
Earth
   orbit of, 4
   spin of, 6
electricity, 16, 18
escalators, 16
flags, 12

hot air balloons, 10
motors, 16, 18
rain, 14
sand dunes, 12
streams, 14
water, 14
wind, 8, 10, 12

Índice

agua, 14
arroyos, 14
autos chocadores, 18
banderas, 12
dunas de arena, 12
electricidad, 16, 18
escaleras mecánicas, 16

globos aerostáticos, 10
lluvia, 14
motores, 16, 18
Tierra
   giro de, 6
   órbita de, 4
viento, 8, 10, 12